Doing
the
little
things

Poems from the heart

Simone Donner
Doing the little things.
Poems from the heart

Books On Demand
2020
ISBN 9-783752-625530

Für Dich.

Inhalt

Zu viel

Zu viel von allem!
Wir haben
zu viel
von allem
und zu wenig
von dem,
was wirklich
wichtig ist.
Wir haben
zu viel
von allem,
was schädlich ist,
zu viel
von allem,
was Spaß macht,
zu viel
von dem,
was uns
an die Welt
bindet,
zu viel
von allem,
was uns
das Leben hier
erleichtert.
Zu viel
von allem.
Wir haben
zu viel
vom Leben
Und manche
haben
zu viel
vom Leben.

Wie es wird

Wird schon alles
Irgendwie werden
Sag ich dir
Wird schon alles
Irgendwie werden
Nur Mut.
Es wird gut.
Glaub mir
Es wird schon alles
Irgendwie
Gut werden.
Glaub mir.
Vertrau mir.
Es wird.
Egal wie,
Irgendwie
Wird es schon
Gut.

Wo es hingeht

Wir sind doch alle
irgendwie Reisende.
Irgendwie
jeden Tag
am Bahnhof.
Irgendwie
jeden Tag
mit neuem Ziel.
Wir sind doch alle
irgendwie Reisende.
So heute da
und
morgen dort.
Heute derselbe
und
morgen ein anderer.
Wir sind doch alle
irgendwie Reisende.
Wo die Reise
hingeht,
bleibt doch stets
unbekannt.
Aber
man sagt doch so schön,
der Weg
ist das Ziel.

Strategien des Kampfes

Wir müssen dafür kämpfen!
Und Ich
kämpfe lieber mit Worten,
statt mit Waffen.
Denn ich weiß,
Worte
Können mehr verletzten
als
Waffen.
Denn ich weiß,
Worte
bleiben.

Knowledge

Weil ich weiß,
was du nicht weißt,
bin ich besser als du?
Weil ich weiß,
was du nicht weißt?
Was soll Ich denn
damit?
Was willst Du denn
damit?
Was soll Das
denn?
Du
bist doch mehr,
als du weißt.
Du bist Du
und
das ist gut
und
Du weißt,
dass Du was weißt,
aber Du weißt,
das ist nichts,
denn was Du weißt,
ist nur der Anfang.
Gott ist der Anfang.
Du weißt.
Du bist der Anfang.
Du weißt nie alles.
Du bist mehr
als
Du
weißt.
Denn Wissen
Ist begrenzt.

Was es ist

Ich sag Dir:
Es ist nie
Realität.
Es ist immer
Kunst.

Identität

Ich kann alles
vorgeben
zu sein.
Ich kann alles.
Rein theoretisch
kann Ich alles.
Was ich nicht kann
ist
Ich
zu sein.
Ich kann schon,
aber Ich will
nicht.
Warum?
Weil ich mehr sein
könnte.
Weil das attraktiver
ist.
Weil es einfacher
ist,
zu kopieren,
als zu erfinden.
Aber
bin das nicht schon
Ich?
Was
bin Ich
denn?
Wer
bin Ich
denn?
Und
werde Ich
jemals
eine Antwort bekommen?

Ich habe Angst.
Viel Angst.
Gerade habe ich
Angst.
Habe Angst,
alles zu verlieren,
wirklich alles,
was mir wichtig ist,
wegen einer Sache,
wegen einer Person.
Ich habe Angst
davor.
Habe ich Angst vor Ihr?
Ist es wirklich
Sie?
Oder bin es
Ich?
Ist es wirklich
die Sache?
Oder bin es Ich?
Wovor
habe ich Angst?
Dass alles
umsonst war?
Jedes Mal dasselbe,
Jedes Mal das gleiche
Gefühl:
Am Abgrund zu stehen.
Noch weiter
noch höher
springen zu müssen,
um ihn zu überwinden.
Jedes Mal
dasselbe.
Ich kann nicht
mehr.
Ich will nicht
mehr.
Jedes Mal
dasselbe.
Ich kann einfach

nicht
mehr.
Meine Kapazitäten
sind begrenzt.
Meine Kapazitäten
verlassen mich.
Ich will
Ruhe.
Ich will
schlafen.
Ich will
weg.
Vor mir
kann ich nicht
weglaufen.
Mich
nehme ich
überall mit hin.
Ich
bin das Problem.
Doch das Schöne ist:
Ich
bin auch die Lösung.

Worum es geht

Ich bin
die Auferstehung und das Leben.
Ich bin
der Weg, die Wahrheit und das Leben.
Ich bin
die Straße, die zum frischen Wasser führt.
Ich bin
der, der deine Seele erquickt.
Ich bin
der, …
Nein.
Kleiner Spaß.
Ich bin
der …
nicht.
Ich bin,
wie du.
Dasitzend,
sich das alles anhörend.
Ich bin
passiv,
lediglich
aktiv
im Zuhören,
im Sich-Gedanken-machen.
Ich bin
passiv
im Gerettet-werden,
im Ergriffensein.
Ich bin
passiv
geliebt
von Gott.
Ich bin
passiv
gerettet
von Gott.
Und ist das nicht alles,
worum es
heute
geht?
Aus der Passivität

Aktivität zu machen?
Indem man erkennt:
Ich bin
nicht
die Auferstehung und das Leben.
Ich bin
nicht
der Weg.
Aber ich kenne den Weg.
Ich werde
aktiv,
durch die Liebe,
durch die Gnade,
durch die Freiheit,
durch Gott.
In Liebe,
in Gnade,
in Freiheit,
für
und
zu
meinem Nächsten.

Freunde

Man braucht
Freunde.
Man braucht
diese Leute,
die mit Dir
durch dieselben
Tiefen
und dieselben
Höhen
gehen.
Man braucht
diese Leute,
die Dir zeigen,
dass es mehr gibt,
dass es ein
Meer gibt
an Wissen,
an Dingen,
die Du
durch deinen
beschränkten Horizont
nicht sehen kannst.
Sagen wir es klar:
Du
brauchst
Freunde!
Die Dich tragen.
Die Du tragen kannst.
Die mit Dir zusammen
fliegen lernen.
Die Aussicht
von da oben
ist gemeinsam
besser als
einsam.
Die Aussicht
von da oben
kannst du
ohne Sie
gar nicht erst
sehen.
Die Aussicht

von da oben
wirst du nur
durch Sie
erkennen.
Die Aussicht
aber genießen
könnt Ihr
nur
gemeinsam.

a perfect place

Es ist der perfekte Ort.
Hier
in deinen Armen
ist der perfekte Ort
zu schlafen.

Die kleinen Dinge

Es freut mich,
wie sich die Worte
bewegen.
Es freut mich,
wie sich der Text
verändert,
wenn Du schreibst.
Es freut mich,
wie sich die Worte
bewegen.
Es freut mich,
wie sich der Text
verändert,
wenn Du liest.
Es freut mich
einfach,
Gedanken-
Welten
geschrieben
zu sehen.

Die Gedanken vom Paradies

„Ich will nicht ins Paradies, wenn der Weg dorthin so schwierig ist", sang er auf dem Weg ins Treppenhaus. Die Toten Hosen seien doch nicht etwa christlich? Das ist ja wohl die absolute Übertreibung, aber eine schöne Liedzeile, die wunderbar zum Mitsingen war und genau das ausdrückte, was er fühlte: ein wenig Lärm, ein wenig Sprechgesang und dabei noch Anti-Haltung gegen Kirche, Eltern und die eigenen Gedanken über den Tod. Denn ja, was kommt denn eigentlich danach? In welches Paradies werden wir kommen? Gibt es eine Hölle? Gibt es das Nirvana? Was passiert mit mir? Muss ich meine Freunde aufgeben? Werde ich sie wiedersehen? Wie schwierig ist der Weg ins Paradies?

Oh, er hätte fast die nächste Treppenstufe übersehen.

Ok. Jetzt mal Ruhe mit den Gedanken in meinem Kopf. Ich meine, wir sind doch alle irgendwie hier. Also der Sinn des Lebens ist dann wohl doch leben, wie es Casper sagt. Aber was soll das für ein Sinn sein, wenn es danach aufhört? Das war dann ja ein kurzer Spaß. Ich denke mir, wir sollten alle an das große Ganze da draußen glauben. Ein bisschen Paradies, ein bisschen Hölle, ein bisschen von allem. Nicht vermischen, aber nebeneinander stehenlassen. Das könnte das Paradies hier auf der Erde werden.

Inzwischen im Erdgeschoss angekommen hört er seine Mutter schimpfen: „Diese Asylanten, haben sie wieder ein Mädchen auf der Straße angegriffen. Wann wird das nur endlich aufhören? Ich würde die ja alle draußen lassen!"

Was soll man dazu sagen? Sollen doch alle machen und glauben was sie wollen, solange es mich nicht stört. Aber was, wenn es meine Schwester gewesen wäre? Was, wenn es meine Freundin gewesen wäre? Was, wenn ich es gewesen wäre? Es könnten nämlich alle sein, sage ich. Und damit meine ich jetzt nicht nur die Opfer, ich meine die Täter. Was bringt uns denn diese Religion? Diese Hoffnung auf ein Paradies? Offensichtlich Moral (ob die aber positiv oder negativ zu sehen ist, ist Ansichtssache) und eine Freude im Diesseits. Ich glaube ja, das ist der Sinn von dem Ganzen! Ob es das Paradies deswegen gibt: ich weiß es nicht. Ich denke aber, die Vorstellung von Paradies kann es hier auf der Erde paradiesisch(er) werden lassen.

Er schnappte sich sein Pausenbrot und lief aus der Tür. Auf dem Weg zu seinem Fahrrad sah er den Nachbarn mit seinem

Hund spazieren gehen. „Einen wunderschönen guten Morgen wünsche ich." „Ach, halt`s Maul. Was ist denn daran schön? Der Hund kackt, ich muss dann arbeiten und das Wetter ist auch scheiße." Gut, dann eben nicht.

Er schwang sich auf sein Fahrrad und radelte in die Schule. Meines Erachtens sollten solche Leute ja nicht mehr aus dem Haus gehen. Die sind doch wirklich zu nichts zu gebrauchen. Ich denke wir könnten in der Welt auch ohne sie überleben.

Er kam in der Schule an und lief schnurstracks zur Toilette. Sie waren alle sauber. Ja, wer weiß, vielleicht war die Putzfrau die Frau vom Nachbarn und schlecht drauf wegen des ganzen Drecks und der Nachbar schlecht drauf wegen der Frau und wegen allem, ja wer weiß, vielleicht wäre das Klo aber jetzt nicht sauber. Man braucht sie also doch. Alle. Denn es kann doch wirklich jeder sein. Täter und Opfer.

„Hi!" „Hi!" „Hi, wie geht's?" „Ja läuft. Und bei dir?" „Ja auch. Was haben wir jetzt?" „Deutsch." Boah. Kein Bock."

„Guten Morgen." „Guten Morgen." „Das ist wirklich ein guter Morgen heute." „Was soll denn heute so anders sein als sonst?" „Das Wetter." „Aber es ist bewölkt und schwül und später soll`s noch regnen. Was ist daran gut?" „Na alles. Die Sonne steht am Himmel. Die Blumen wachsen und bekommen später sogar noch Wasser. Wie toll ist das denn? Das ist doch das Paradies hier auf Erden. Alles hilft für alle. Alles ist wichtig. Das Ökosystem ist doch der Wahnsinn."

Wow. Was sollte diese Begrüßung? Die hat doch echt nicht mehr alle Tassen im Schrank. Was sollen wir jetzt machen? Hammer. Gedichte analysieren. Ruminterpretieren, sich irgendetwas aus den Fingern saugen, am besten absolut übertreiben. Aber gut. Wenn sie es so haben will.

„Welches Gedicht nochmal?" „Sucht euch eins aus! Lyrik des 20. Jahrhunderts." „Wie jetzt? Ein Gedicht oder was?" „Naja was sind denn Gedichte? Lyrik? Texte, die gesungen wurden und heute vielleicht auch noch werden. Also: Ihr könnt euch von mir aus auch einen Liedtext aussuchen."

Wir dürfen uns den Text selbst aussuchen? Ja geil. „Das Lied von den Toten Hosen: Paradies." „Ok, das ging ja flott. Kann man das als Gedicht sehen?" „Na klar, es reimt sich und hat Strophen." „Ja gut, dann fang doch mal an. Stell uns den Text vor und wir werden sehen, was wir darin finden können."

Es war anscheinend echt viel, was man darin finden konnte. Ich habe bei vielem nicht zugehört. Wo es dann aber doch interessant wurde, war bei den Diskussionen über das, was mit Paradies gemeint ist, bzw. welche Ansichten hier wohl vertreten werden. Was kann also damit gemeint sein?

Alle meinten die katholische Vorstellung vom Paradies. Aber da gibt's ja noch mehr? Mehr Paradiese? Was ist mit dem Paradies hier auf der Erde? Was ist mit den anderen Glaubensrichtungen? Was ist mit Atheisten? Wo kommt das Paradies her? Wie komm ich rein? Gibt es das überhaupt?

Fragen über Fragen über Fragen, die die Schule leider nicht lösen konnte.

Die Stunde war vorbei. Der restliche Schultag interessierte nicht mehr. Ich weiß so wenig wie zuvor. Ich schwang mich auf mein Fahrrad und radelte nach Hause. Es roch gut. Mama hat gekocht. Ich kam in das Haus und setzte mich an den Tisch. Mutter fing an zu erzählen, dass sie heute eine ganz nette Verkäuferin beim Einkaufen getroffen hat, die sie so nett beraten hat und deswegen gibt es jetzt dieses leckere Essen. Das hat ihr richtig den Tag erhellt.

Sie geht oft einkaufen. Weil wir so viel essen. Meine Schwester beschwert sich meistens, deswegen muss sie oft etwas anderes kochen. Aber auch meine Schwester hatte heute nichts auszusetzen. Die Stimmung war gut. Ich fühlte mich gut. Alles war gerade gut.

Wie der Tag sich nur verändert, wenn man über das Paradies nachdenkt. Macht es also etwas mit mir? Mit den anderen? Verändert es uns, wenn wir vom Paradies reden? Schafft das das Paradies auf Erden? Gibt es da noch ein anderes? Oder war es das? Manche Fragen müssen offenbleiben. Wenn sie die Schule auch nicht beantworten kann.

Eigentlich egal. Gerade ist alles gut. Und friedlich. Es regnet. Aber ich dachte daran, wie dadurch die Blumen bewässert werden, neues Leben entstand und bestehendes gepflegt wurde. Wahnsinn dieses Ökosystem.

Meine Mutter war glücklich. Da machte mich glücklich. Meine Schwester nervte nicht. Das war schön.
Ich dachte an die Hausaufgaben. Ja gut, etwas Hölle bleibt immer im Paradies.

Erste Schritte

Sagen wir's mal so:
Ich sitze hier
und
versuche zu schreiben,
versuche zu leben,
versuche zu bleiben
wo ich bin
und
versuche doch
auch,
vorwärts zu kommen.
Und
zwischen Stillstand
und
Fortschritt,
zwischen Ablehnung
und
Akzeptanz,
ja
genau
dazwischen,
sitze Ich hier
und
versuche zu schreiben,
versuche zu leben,
versuche zu bleiben.
Und
Ich hoffe
so sehr,
aus den Versuchen
werden erste Schritte,
werden Tatsachen,
werde
Ich.

just who we are

Wir sind sehr unterschiedlich.
Und
Wir können es nicht erklären.
Aber Ich
brauche es,
von Dir
geliebt zu werden.
Und Du
brauchst es,
von Mir
geliebt zu werden.

Ein Gegensatz

Da sind die Leute
auf der einen Seite,
die nichts haben.
Da sind die Leute
auf der anderen Seite,
die alles haben.
Da sind die Leute,
die kämpfen müssen,
ums Überleben.
Sind aber alle!
Die auf der einen Seite,
weil sie wenig haben.
Die auf der anderen,
weil sie zu viel haben.
So hat jeder
einen Druck,
der auf ihm lastet.
Sei doch froh,
wenn Du
in der Mitte bist.
Doch
die Mitte
gibt's nicht.
Die Mitte
ist
das Paradies,
nicht
das Leben.

Ein Gespräch

Sag mir,
worum geht's
im Leben?
Sag mir,
bist Du
glücklich?
Sag mir,
was willst Du
vom Leben?
Sag mir,
willst Du wirklich
Mich?
Sag mir eigentlich
nur eins:
Sag mir,
liebst Du mich?
Sag mir,
wirst Du
mich
lieben?
Sag mir,
hast Du
mich
geliebt?
Sag mir,
worum geht's
im Leben?
Sag mir,
geht's um Liebe?
Sag mir –

Ich liebe dich.

Zeig Dich

Alles ist
schwarz.
Jeder sieht es
schwarz.
Keiner ist optimistisch.
Jeder ist pessimistisch.
Jeder ist entsetzt.
Keiner eskaliert.
Jeder applaudiert,
wenn die kommen,
die mal auf den Tisch hauen.
Sind doch leider nur
die Falschen,
aber die,
die was machen.
Sind doch nur die,
die aufstehen,
die das Wort ergreifen,
die Partei ergreifen.
Ja vielleicht
nicht ganz
auf das Allgemeinwohl bedacht,
aber zumindest gemacht.
Zumindest aktiv.
Dieses passiv
bringt uns nicht weiter.
Wir müssen aufstehen,
müssen kämpfen.
Nicht mit Gewalt,
aber mit unserem Leib.
Mit unserer Stimme.
Mit unserem Verstand.
Mit uns
selbst.
Mit uns
und
unserer Meinung.
Wenn du eine hast,

dann zeig sie.
Zeig sie
laut
und
deutlich.
Zeig sie friedlich.
Zeig sie freundlich.
Zeig Dich
in Liebe
für die Welt,
weil da
noch Hoffnung ist.

Dankbar

Ich weiß nicht,
wenn ich das sehe,
dann
kann ich nicht anders.
Ich weiß nicht,
wenn ich das sehe,
wie
soll ich da anders.
Ich weiß nicht,
wenn ich das sehe,
dann
kann ich nicht anders.
Ich weiß nicht,
was Du da siehst,
weiß nicht,
ob Du das siehst,
weiß nicht,
ob Du da nicht auch
nicht anders kannst,
als
dankbar zu sein?

Alte Wunden

Es gab eine Zeit,
da hätte ich mir anders geholfen.
Da hätte ich zum Messer gegriffen.
Da hätte ich mich verletzt.
Da hätte ich
vermutlich
mir
und
ihnen
wehgetan.
Ich weiß nicht,
wen ich mehr verletzt hätte.
Ich weiß nicht,
wieso ich mich verletzt hätte.
Vermutlich wegen dem Druck,
diesem immensen Druck.
Aber auch wegen dem,
was war,
wegen den Verletzungen
von außen,
die nach innen
gedrungen sind,
die tief saßen,
die tief sitzen.
Es gab diese Zeit.
Ich bin froh,
bin dankbar
für diese Zeit.
Bin dankbar
für das Überstehen
dieser Zeit.
Bin dankbar
für die Menschen,
die Hilfe
in dieser Zeit,
über diese Zeit,
bis jetzt,
bis heute,
wo ich hier sitze

und
mich daran erinnere,
wie es war,
was es für ein Schmerz war.
Es ist vorbei.
Es ist vorbei.
Der Schmerz ist da,
aber er ist
nach außen gewandert.
Er ist nicht mehr
nur im Inneren.
Er kommt wieder raus,
kommt zurück
zum Ursprung,
zum Vater,
damit geheilt werden kann,
was verletzt ist.
Da ist eine Wunde,
ja,
aber
sie wird nicht besser
durch mehr,
durch ein Messer.
Sie wird besser
durch Aufreißen,
ans Licht kommen,
Heilen lassen.

Siehe, Du bist gut.

Es wird nie genug sein!
Du wirst nie genug sein!
Ich werde nie genug sein!
Wir werden nie genug sein!
Die Lügen
in deinem,
in meinem
Kopf
werden immer da sein,
werden immer da bleiben.
Ja,
ich weiß
das.
Ja,
ich weiß,
dass Du sie auch hast.
Ich weiß
das.
Ich weiß,
dass Wir sie alle haben,
diese Gedanken
nie genug zu sein.
Ich weiß
das,
weil ich weiß,
wie Du dich fühlst.
Ich weiß
wie es Dir geht.
Nein.
Eigentlich nicht.
Ich kann es nur erahnen.
Ich kann Dir nur sagen,
so geht es mir.
Ich kann Dir nur sagen,
was ich denke.
Ich kann dir nur sagen,
was ich über Dich denke.
Ich kann Dir nur sagen:
Du bist gut.

Du warst gut.
Und
Du wirst immer gut sein.
Ich denke,
Du
bist
sehr
gut
gemacht!
Also
mehr als gut.
Sehr gut.
Wer Dir sagt:
Du bist nicht genug!
Du reichst nicht!
Der weiß
das
nicht,
was ich Dir eben sagte.
Du bist nie genug!
Ja vielleicht,
kommt darauf an
für wen.
Für Dich?
Ich
sage Dir
für mich
bist Du
immer gut genug
gemacht.
Sogar
Sehr gut.

Für mehr mehr

Es tut so weh
zu sehen,
wie man vergisst.
Es tut so weh
zu sehen,
wie es mal
da war.
Es tut so weh
zu sehen,
wie hart es wird,
es wieder zu bekommen.
Ich will
das wissen.
Ich will
mehr wissen.
Ich will
alles wissen
Ich kann mich damit
nicht zufrieden geben.
Ich will mich damit
nicht zufrieden geben.
Ich will's wissen,
wie es ist
zu kämpfen,
zu streiten
und zu lernen
für mehr
Wissen,
für mehr
Bildung.

Gut

Sind wir nicht alle ein
Gut?
Ein Gut auf dem Markt?
Ein Gut,
das wir selbst erschaffen?
An dem wir selbst ständig
schaffen?
Um marktreifer,
Um relevanter,
Um besser,
zu werden?
Besser für die
Käufer
oder die
Konsumenten?
Ich bin das Angebot
und du die Nachfrage.
Sollte nicht lieber
Ich auch selbst
mein Nachfrager sein?
Wissend, dass ich das Angebot
eines anderen,
eines jemanden
bin,
der mich geschaffen hat
und weiter schaffen wird?
Weil ich immer wieder
neu geschaffen werde.
Muss ich ein Angebot sein?
Ich sollte vielmehr
der Nachfrager
nach mir sein.
Wissend um den Markt,
aber auch wissend
um den Schöpfer.
Wissend darum,
dass es nicht nur
um den Markt geht.
Es geht

um die Sache.
Es geht um das Jetzt
und das Nachhaltige.
Das Letzte.
Das faire handeln.
Es geht darum,
den Markt neu zu definieren.
Dich und mich
neu zu definieren.
Du
und
ich
und
wir
alle
sind nicht nur Angebote
auf dem Markt.
Wir sind auch
die Nachfrager.
Denn
Wir
sollten auch
Nachfragen.

Sollen Können Werden

So soll ich nicht sein
So will ich nicht sein
So kann ich nicht sein
So werde ich nicht sein
So bin ich

Leben lieben

Das Leben zu lieben
Das Leben zu hassen
Sind zwei so
Naheliegende
Gefühle
Das Leben zu lieben
Ist oft
So schwer
Das Leben zu hassen
Oft so einfach
Willst du Einfachheit
Oder willst
Du Schwierigkeit
Natürlich Einfachheit
Willst du Glück
Oder Pech
Sag mir was ist leichter
Zu bekommen
So wie es aussieht
Gibt es die schlechten Dinge
Immer kostenlos
Die guten
Benötigen
Aufwand
Die guten
Gibt es nicht
geschenkt
Das einzige
Was mich hält ist
Das Evangelium
Es ist geschenkt
aber war nicht kostenlos
War schon gar nicht umsonst
Es kostete ihn das Leben
Und dich die Einfachheit
Alles
Schlecht zu sehen

Empty

Da ist diese Leere
In meinem Herzen
Dieses Loch
Das immer mal wieder
Aufklafft
Und alles in sich hineinzieht
Da ist diese Leere
Die nicht zu füllen ist
Manchmal liegt etwas davor
Manchmal scheint die Sonne drüber
Manchmal liegen Wolken drüber
Aber das ändert nichts
An der Tatsache
Dass es da ist.
dieses Loch
Da wird es immer bleiben
Da kann noch so viel
Draufscheinen
Und reinfallen
und drüberliegen
Es bleibt.
Aber als Teil
Von einem Ganzen.
Von mir.

Deskription

Ich bin Kunst
Ich bin Wissenschaftler
Ich bin Tochter
Ich bin Sohn
Ich bin Freundin
Ich bin Freund
Ich bin Schwester
Ich bin Bruder
Ich bin Tante
Ich bin Onkel
Ich bin groß
Ich bin klein
Ich bin dünn
Ich bin dick
Ich bin fit
Ich bin gesund
Ich bin schön
Ich bin Kunst
Ich bin ich
Ich bin
Da
Und so
Wie ich da bin
Bin ich gut
Bin einfach
Da
Weil
Ja weil
Eigentlich?
Weil ich gebraucht werde
Als Kind
Als Mensch
Als Rolle
In der ich stecke
Als Kunst
Als etwas geschaffenes
Etwas künstliches
Etwas so echtes
Ich bin ich

Bin da
Als ich
Einfach
weil ich gebraucht werde
Ich bin
Kunst.

Schreiben

Ein Wort
Ist ein Text
Ein Text
Ist ein Wort
Ist zwei Worte
Ist drei Worte
Ein Text
Ist alles
So viel
Ein Wort macht das
Alles
Ein Wort kann das
Alles
Das
War ein Text.

Work

Die Arbeit
Wird nie zu Ende sein
Wir werden immer
Arbeit haben
Wir werden sterben
Und es wird Arbeit übrig bleiben
Wir werden nie
Fertig
Wir müssen daher
Festsetzen
Wann wir
Es beenden wollen
Fertig
Werden wir nie

Modalität des Glaubens

Das mit dem Gesetz
Ist so ne Sache.
Ich weiß, dass es da ist.
Ich weiß, dass ich es nicht übertreten
sondern
halten soll.
Aber kann ich das?
Darf ich das?
Und vor allem:
Soll ich das?
Das mit dem Gesetz ist eben genau die Sache:
Dass man es nicht halten
kann,
darf und
soll.
Das mit dem Glauben ist so:
Du kannst,
darfst und
sollst glauben.
Aber vor allem:
kannst du,
weil du
frei bist.
Was ist jetzt aber mit dem Gesetz?
Es zeigt dir,
was du nicht
kannst,
darfst
und sollst.
Es zeigt dir also,
dass alles, was
Du kannst,
Glauben ist.
Ein Glaube,
der von Gott kommt
und der zu Gott führt.
Du sollst und darfst also,
weil du kannst.

Von der Kunst zu sein

Die Kunst
Nichts zu tun
Und einfach
Zu sein
Ist die Kunst
Nichts zu tun
Und einfach zu sein
Und keinen Beobachter
Zu haben
Nur einen Künstler
Aber ist das dann noch Kunst
Oder ist das Sein?

Schreiben II

Ich bin dankbar,
es aufgeschrieben zu haben.
Ich bin dankbar
es nicht in meinem Kopf
Unfug getrieben haben zu lassen.
Ich bin dankbar,
dass es jetzt raus ist.
Ich bin dankbar,
für so viel.
Aber am meisten
für die Welt
in mir
und
in dir
und
in uns.
Sagen wir:
für die Welt,
die Gott
gemacht hat.

Zwang

So viele Gedanken
In meinem Kopf
So viele Gedanken
Wer ich sein müsste
Was ich machen müsste
Was ich können müsste
So viele Gedanken
Darüber
Was sein sollte
Was ich aber bin
Wer ich bin
Vernachlässigt mein Kopf
Was ich bin
Wer ich bin
In dem Moment
Ist anscheinend
Egal
Meinem Kopf
Geht es nicht
um das Hier und jJtzt
Sondern
Um die Zukunft
Die „das-müsste, das-sollte, das-könnte-sein-Zukunft."
Wer sagt denn
Dass es so sein soll
Wer sagt denn
Wie es aussehen soll
Wer sagt denn
Was du sagen sollst
Wer sagt denn
Was du denken sollst
Wer bitte
Sagt dir
Warum die Gedanken
In deinem Kopf
Falsch sind
Wer bitte sagt dir
Wer du sein solltest
Wer bitte sagt dir

Was du machen solltest
Wer bitte sagt dir
Das
Die Gesellschaft
Wer ist das
Genau
Du selbst
Wer du bist
Und wer du warst
Und wer du sein wirst
Weißt du selbst nicht so
Genau
Aber wer
Sollte es sonst wissen
Und wer sollte dir dann sagen können
Wie es zu sein hat?

Sehnsucht

Ich wünschte mir einfach
Bei dir zu sein
Ich wünschte mir einfach,
Nicht alleine zu sein
Ich wünschte mir einfach
Du wärst jetzt hier
Ich wünschte mir einfach
Du wärst bei mir
Ich wünschte
es
mir einfach

Gutes Leben

Es ist gut
Zu leben
Es ist gut
Gefühle zu haben
Es ist gut
Zu leben
Es ist gut
Zu arbeiten
Es ist gut
Zu leben
Es ist gut
Spaß zu haben
Es ist gut
Zu leben
Es ist gut
Leid zu ertragen
Es ist gut
Zu leben
Es ist gut
Gefühle zu haben
Es ist einfach gut
Zu erleben
Gefühle zu erleben
Arbeit zu erleben
Spaß zu erleben
Leid zu erleben
Gefühle zu erleben
Leben zu erleben
Es ist gut

Realität

Es macht mich krank
Was da passiert
Es macht mich krank
Was da geschieht
Es macht mich krank
Was ich da seh
Es macht mich krank
Wie alles hier verfällt
Es macht mich krank
Was hält die Welt?

Teil von mir

Einen Teil von mir
Hast du in dir
Einen Teil von dir
Trägst du mit dir
Einen Teil von dir
Habe ich in mir
Einen Teil von dir
Trage ich mit mir
Und wenn du gehst
Wenn du mich nicht mehr siehst
Wenn ich dich nicht mehr berühren kann
Nimmst du ihn mit mit dir
Diesen Teil von mir
Aber eines bleibt
Dieser Teil von dir
In mir
Und er bleibt in dir
Dieser Teil von mir
Wir beide
Sind
Diese Teile zusammen
Vollständig
Unvollständig

Beten

Ich bete
Gern
Zu Jesus
Christus
Das Beten
Zu einem
Vater oder
Papa oder
Mutter
Oder wie auch immer
Ist mir unbekannt
Ich bete
Gern
Zu Gott
Dem dreieinigen
Spreche ihn an
Mit Herr
Jesus Christus
Weil er mein Herr ist
Weil er der Herr über mich sein darf und sein soll und
Es ist.
Weil es Jesus ist
Und in ihm
Und durch ihn
Gott und
In ihm und durch ihn
Der Heilige Geist.
Kompliziert
Ich weiß.
Aber ich bete
Gern
Zu meinem Herrn
Jesus Christus
Zu dem einen Gott
Der Vater, Mutter, Tochter, Sohn, Herr, König,
Obdachloser, Geflüchteter, Gekreuzigter, Gestorbener und
Auferstandener ist
Seine Bedeutung
Für mich
Lässt sich nicht durch Sprache erfassen
Und schon gar nicht durch ein Geschlecht

Und noch viel weniger durch ein Genus.
Ich bete gern
Doch meistens
nicht laut
Ich bete gern
In meinen Gedanken
Ich bete gern
in meinem Herzen
Ich
Mensch
Bete
Gern
Zu
Gott.
Ich
Mensch
Konzentriere
Mich
Gern
Auf
Gott.
Ich
Mensch
Spüre
Gott

Schau sie dir doch an!
Schau sie dir alle
alle ganz genau an.
Was siehst du?
Was denkst du?
Du weißt nicht?
Denkst du nicht?
Weißt du nichts?
Du hast Augen,
also kannst du sehen.
Du hast Ohren,
also kannst du hören.
Du hast ein Gehirn
also kannst du denken.
Du hast einen Mund,
also kannst du sprechen.
Du kannst das!
Trau dich!
Auch wenn eines
von all dem
vielleicht nicht so
funktioniert,
wie es sollte:
Wer ist denn der Maßstab?
Wer legt die Richtlinien fest?
Die, die
sehen
hören
denken
sprechen?
Das kannst du auch
alles,
na vielleicht manches,
auch.
Was viel wichtiger ist:
Du hast Sinne,
Du kannst fühlen.
Du hast ein Herz,
Du kannst lieben.
Du hast eine Nase,
Du kannst riechen.

Du hast eine Lunge,
Du kannst atmen.
Du hast ein Gehirn,
Du lebst.
Du hast alles,
Was du brauchst.
Du findest einen Weg
zu sagen,
was du
siehst,
hörst,
denkst
und fühlst.
Es wird dein Weg sein.
Es wird dein Maßstab sein.
Es wird dein Leben sein.
Es ist dein Leben.

Schreiben III

Ich würde gerne schreiben
über dies und das
über solches und jenes
über alles Erlebte und Zukünftige
und dabei bleibe ich stecken
bleibe im Hier und Jetzt
in Gedanken an jenen Konjunktiv
und schreibe
über die Gegenwart
im Hier und Jetzt.

Teufel der Vergangenheit

Und immer noch, ja immer noch
ist dieser Teufel da.
Dieser Teufel der Vergangenheit.
Ja er sitzt tief in meiner Brust.
Ja er sitzt tief und er bestimmt mich immer noch.
Hier und da und dort
raubt er mir die Zeit,
raubt mir Tränen,
raubt mir die Vergangenheit.
Ein Dieb, ein Dieb
meiner Liebe.
Ein Dieb, ein Dieb
meines Vertrauens.
Ein Dieb, ein Dieb
Aber kein Dieb,
meiner Hoffnung.

Böser Wolf

Soll er doch kommen
mein böser Wolf!
Soll er doch kommen
und uns zerfleischen!
Soll er doch kommen
und es versuchen!
Wie viel Erfolg er wohl haben wird?
Wie viel er wohl zwischen die Zähne bekommen wird
bei dem Versuch
uns zu zerstören.
Wenn er merkt:
wir sind zwar Schafe,
aber erstens,
sind wir viele
und zweitens,
haben wir einen Hirten.
Wie viel Erfolg er wohl haben wird?
Wie viele er wohl zerfleischen wird?
Wie oft er wohl scheitern wird?